JN436589

오늘의문학 시인선
408

행복이 꽃피는 집

이근풍 · 이근희 시집

80대 오빠 시인과
70대 누이 시인의
눈물겨운 서정

오늘의문학사

국립중앙도서관 출판예정도서목록(CIP)

행복이 꽃피는 집 : 이근풍 · 이근희 시집 / 지은이: 이근풍,
이근희. -- 대전 : 오늘의문학사, 2017
p. ; cm

ISBN 978-89-5669-879-3 03810 : ₩9000

한국 현대시[韓國現代詩]

811.7-KDC6
895.715-DDC23 CIP2017034883

행복이 꽃피는 집

누이는 오빠의 시를 읽으며 시심을 가꾸었다.
오빠는 누이의 시를 아끼어 자신의 시집 앞자리를 내어 주었다.

■ 17시집을 내며

어느덧 세월이 흘러 시창작의 길을 걸어온 지도 30여 성상이 되었다. 인생살이 하는 동안 시는 나에게 희망, 사랑, 행복의 원천이 되었다. 어려움을 이겨내는 삶의 동력이었다.

지금까지 시창작의 길을 걸어오면서 16권의 시집을 상재하였다. 열심히 詩作활동을 해온 것은 고난의 길을 가고 있는 사람들에게 잠시나마 시 읽는 기쁨을 전하고자 하는 마음이었다. 그러나 날로 각박해가는 사회적 현실이 시와는 거리가 멀어지고 있다.

詩作을 멈출까 하는 생각도 잠시 있었으나, 그래도 가던 길 멈추면 아니 된다는 강한 의지가 되살아난 것은 농사를 천직으로 하는 누이 때문이었다. 틈틈이 오빠의 시집을 읽고 또 읽으며 시인의 꿈을 키워온 지 10여 성상이었다는 고백 때문이었다.

그간에 누이가 쓴 40여 편의 시가 순수하고 진솔하여, 시를 쓴 누이가 대견하고 자랑스러웠다. 누이가 가고자 하는 가장 행복한 길, 앞서 가고 있는 오빠 시인과 같은 길이라는 말을 들었기에, 17시집을 누이와 공동으로 상재하기로 했다.

2017년을 보내며 이 근 풍

이근희

제1부 거울 앞에 서서

제2부 밤하늘 별빛 보며

제3부 첫 눈 내리는 날

이근풍

제1부 한 송이 국화꽃으로

제2부 홀로 부르는 노래

제3부 여유로운 마음으로

이근희

제1부
거울 앞에 서서

텃밭 1

이른 봄이면
고향 집 텃밭에
씨앗 뿌려
사랑으로 가꾸시며
행복 키워 가시던
어머니

노년에 접어들면서
어머니 닮은 딸로
어머니처럼
텃밭 가꾸며
생전의 어머니
뒤를 따라 삽니다.

텃밭 2

어머니 삶의 자취
남아 있는 곳

송글송글 땀방울이
배어 있는 곳.

지금도 고향집 찾아가는
날이면

텃밭에서
김매시던 어머니

하얀 앞치마가
눈 앞에 펼쳐지네.

고향집 텃밭에는
변함없는 모습으로

어머니의 사랑
푸른 꿈이 자라네.

정자나무

우리 마을 입구에
수령 수백 년 된
정자나무 한 그루가 서있다.

봄부터 가을까지
봉통가리 아픈 가지
그늘 아래
오가는 이의 쉼터를 만든다.

우리 마을로 들어오는
모든 재앙을 막아주며
마을을 지키는 수호신이다.

해마다 정월 대 보름날이면
마을 주민 모두 모여
정성으로 마련한
제상 차려놓고 절을 한다.

마을에서
가장 나이가 많은 어르신에게
올리는 당산 제사에
평온한 기운이 넘친다.

* 봉통가리 : 거목의 가지에 있는 옹이가 감자처럼 불룩하게 튀어나온 부분.

어머니의 우물

생전 어머님께서는
집안 우물에서
찰랑찰랑
넘치는 물을 길으셨다.

하루에도 셀 수 없이
두레박으로
해와 달 별을
건져 올리셨다.

어머님은
잠들어 있는 우물에서
오늘도
꿈을 퍼 올리시는가?

두고 간 딸이 보고 싶어
오늘도
부서진 두레박에
찰랑찰랑 넘치는 그리움을
담아 놓으셨는가?

장맛비

하나님께서는
얼매나 슬픈 사연이
그리 많으신지

한 번 흘리기 시작한
눈물을
멈추지 않으시네.

농사를 생업으로
살아가는 농부들
근심이 하늘에 닿아도

농사 피해 늘어만 가니
지은 죄 있다면
용서하소서.

손 모아 기도를 하네.
내리시는 비
멈추어 주기만 바라네.

풀꽃

풀숲 헤치고
찾아낸 꽃이었다.

어느 꽃보다
앙증스러워

눈에 넣어도
아프지 않을 만큼

별빛으로 빛나는
보석이었다.

작은 것에서 찾은
행복이었다.

풀꽃과의 만남,
눈부신 소망이었다.

이른 봄이면

새로운 희망 꽃
피어나는 이른 봄이면
그대 가슴에서는
어떤 꽃 피어나나요?

누구나 가슴에서
피어나기 바라는
사랑의 꽃 행복의 꽃을
피우시나요?

동산 아래 우리 집

이른 아침 창을 열면
푸른 하늘
산과 들이 보이는
동산 아래 우리 집
맨 처음 해님과
인사하는 집
산새 들새들의 노래가
들려오는 집
하루가 다르게
날마다 자라는
농산물 가꾸는 재미.
가을의 풍요로운
수확을 기대하는
아름다운 꿈을 꾸네.

봄비

잠자는 대지
사람들의 정신
마음을 깨우네요.

새로운 희망
꽃 피울 수 있도록
새 생명의 숨결
불어 넣어 주네요.

동구 밖에 나가

모처럼 고향집
찾아온 아들 떠나는 날
동구 밖에 나가
전송을 하고
돌아오는 길 옆
텃밭 가에 활짝 핀
매화꽃 볼 때
가슴으로 스며드는
그윽한 향기
오랜 여운으로 남아
참으로 기쁘고
행복한 시간이 되네.

농부의 마음

이른 봄날 논과 밭에
씨앗 뿌려
김매고 가꾸느라
땀 흘리고 일할 때는
고달프고 힘겨워도

수확의 계절 맞아
탱글탱글 영근
농작물 수확할 땐
지난날의 고달픔은
눈 녹듯 사라지고

일한 보람 그 기쁨
가슴 가득 차오르네.

동백

밤바다를 밝히는
타오르는 불꽃
바닷길 안내하는
등대지기다.

사랑을 키워내는
행복의 불씨
세월 가도 식지 않는
사랑의 열정이다.

진달래

봄이면 뒷동산 진달래가
겨울의 추위에
굳게 닫힌 마음의 문을
활짝 열어 주네요.

열린 마음으로
세상을 보니
모든 사물 하나하나가
아름다워 보이네요.

인생살이 한 평생
가장 행복한 사람
마음의 문 활짝 열고
살아가는 사람이지요.

찔레꽃

이른 아침
찬거리 장만하러
채소밭 가는 길가,
청초하게 피어난
하얀 찔레꽃.

아침에 솟아오른
해님 사랑 때문인지
가슴깊이 스며드는
찔레꽃 향기.

가슴 가득 담아오면
봄날의 하루가
즐거워지네.

거울 앞에 서서

엄마는 날마다
거울 앞에 서서
웃는 연습을 한다.

날로 각박해져가는
사회적 현실
웃음을 잃은 시대에

웃음을 통해
행복을 선물하려고
오늘도 거울 앞에 서서
활짝 웃는 연습을 한다.

해님

하늘의 문 활짝 열고
빨리 빨리 나오세요.

해님 닮은
우리 집 재롱둥이
예쁜 손녀 민지

해님 사랑 듬뿍 받고
무럭무럭 자라나도록.

이근희

제 2 부
밤하늘 별빛 보며

개구리 노래

개구리가
개골개골 노래로
봄소식을 전하네.

개구리의 노래 듣는
농부들
한 해 농사 준비로
마음이 바빠지네.

매미들의 합창

여름날의 명가수
매미들의 합창
여름날의 무더위도
말끔히 씻어주네.

여름이 다 가도록
즐거운 노래로
무더위 식혀준
매미들에게
감사의 마음 전하네.

초등학교 동창회

어느 때 만나도
반가운 얼굴
웃음꽃이 피어나네.

1년에 한 번 보게 되는
정다운 얼굴들
무슨 할 말 그리 많은지
참새처럼 조잘대며
이야기꽃을 피우네.

지난날의 삶
아들 딸 손자 손녀
이야기보따리
풀어내다 보면

어느덧 시간이 흘러
내년을 기약하며
헤어질 때
남아있는 아쉬움으로
잡은 손 놓지 못하네.

봄바람

해님 사랑 받으며
아름답게 피어난 꽃
묻어나는 꽃향기
불어오는 봄바람에
씻겨가지 않도록
멈추게 해 달라고
꽃들이 고개 숙여
기도를 하네.

장미

가까이 다가가
보고 있으면
솟구치는 열정
가슴은 덤으로
뜨거워지네.

여왕의 자리
끝까지 지켜가며
찾아간 사람들에게
사랑 행복 가슴 가득
담아 보내네.

한 통의 전화

가을비가 내리는
칠흑 같이 어두운 밤
홀로 앉아서
외롭고 우울한 마음.

기쁜 마음으로
전환하려해도
진전되지 않고
우울증에 빠져 있을 때
어디선가 걸려온
한 통의 전화.

"엄마 사랑해!"
막내아들
말 한마디가
외롭고 우울했던 마음
말끔히 씻어가는
기쁨이었네.

인생길 동반자

부부는 한평생
같은 길 가는
인생길 동반자.

험난한 인생길
손잡고 같은 길 가다가
간혹 엇박자로
등 돌릴 때도 있지.

그러나
시간이 흐르면
누가 먼저랄 것도 없이
또 다시 하나가 되지.

고향에 살면서도

대대손손 내려온
생활의 터전.

고향에 살면서도
고향사랑 자긍심
물거품 되고
고향사랑 노래도
부를 수 없네요.

나이 들어 해가 갈수록
농토도 힘에 겨워
경작할 수 없을 때면
죄인의 마음으로
살아가게 되네요.

꽃 앞에 서면

산과 들에 피어난
꽃 앞에 서면
자신이 초라해지네.

바로 보기 부끄러워
고개 들지 못 하네.

어디에서나
꽃 앞에 섰을 때는
꽃 닮은 사람으로
살아가겠다고
굳게 다짐하고도

일상으로 돌아가면
그 다짐 잊고 마네.

꽃잎의 꿈

아름답게 피어난 꽃
꽃잎으로 지면서
나비처럼 춤추며
하늘 높이 날고픈
푸른 꿈을 꾼다.

추한 모습으로
땅으로 추락치 않고
맑은 영혼으로
자유롭게 날고픈
고운 꿈을 꾼다.

피는 꽃 지는 꽃

아름답게 피어난 꽃
보기 위해서
찾아갔던 사람들도

질 때의 눈물
보려하지 않네.

인생살이 한 평생
피는 꽃 지는 꽃과
뭐가 다르랴.

가을 잎새

지난날의 열정
모두 불태운
가을 잎새가
다다를 곳 어디인지
알지 못하고
길을 떠나며
이별의 아쉬움에
눈물을 짓네.

작은 것의 소중함

증오의 대상보다
사랑할 대상 더 많으면
행복해진다.

남의 크고 많은 것보다
자신의 작고
적은 것의 소중함
알아 간다면
행복해진다.

화사하게 피어난
장미꽃보다
풀꽃의 향기
더 사랑할 수 있다면
행복해진다.

밤하늘의 별빛 보며

내 고향 시골에서 보았던
초롱초롱 빛났던
밤하늘 수놓던
수많은 별들은 어디로 갔나?

서울, 아들집에서 본
밤하늘의 별들
매연먼지 때문인지
흐려 보이네.

무엇을 보나
여유로운 마음 갖고
살아 갈 수 있는 시골 집
행복의 터전이네.

하나의 잎새로

삶의 그늘에
외로이 앉아
생활의 활력 잃고
긴 한숨 토해내는
노인을 보네.

사회에서나
가정에서나
자신의 자리
지키지 못하고
바람 불지 않는데도

하나의 잎새로
흔들리고 있는
노인을 보네.

고독의 안개

가슴에 고여 있는
고독의 안개
해님 사랑
친구우정으로도
걷어내지 못 하네.

일상의 평온
되찾은 때부터
서서히 걷히는
고독의 안개.

이근희

제 3 부
첫 눈 내리는 날

낙엽

이제 떠나야 할 시간
낙엽이 흐느끼며
이별노래 불러주네.

그 노래 듣고 있던
나그네의 마음도
촉촉이 젖어 들어오네.

낙엽과 하나가 되네.

단풍

가을이면
일어나는 신열로
몸살을 앓네.

가을이
깊어 갈수록
더욱 높아지는 열기.

첫 눈 내리는 날

연말 가까워 오면
새로운 마음으로
새 출발을 하고 싶어
첫눈을 기다리네.

첫 눈 내리는 날에는
한 해 동안 쌓인
생활의 먼지
말끔히 씻어내고
축복받고 싶어지네.

자신의 소망
이루어지리라는
상서로운 꿈을 꾸네.

고향 길

봄부터 가을까지
피어나는 들꽃.

오가는 길손에게
정답게 웃어주며
고향 이야기
맑은 향기 전해주는 길.

걷고 걸어도
다시 걷고 싶은 길.

찔레꽃

고향 찾아 가는 길
기다리려 흔드는 손

마을 어귀에서
제일 먼저 반기는 꽃

해 맑은 모습으로
여독 풀어주는 속내

고향 찾아 가는 발길
흰 구름처럼 가볍네.

봄날엔

산과 들 냇가
어디를 가나
만나게 되는
꽃과 눈을 맞추면

가슴으로 들어오는
봄날의 꽃향기가
사랑도 되고
행복도 되네.

봄이 오는 길목

어느 때 찾아가도
희망 꽃 피어나는 곳

연인 손잡고
같이 걸으면
사랑이 싹터
꽃 피어나는 곳

갈 때마다 새로워지고
찾아간 사람
누구에게나
봄 향기 가슴 가득
담아 주는 곳.

꽃길 지나면서도

이른 봄날
꽃길 지나면서

잠시 발길 멈추고
아름다운 그 향기
칭찬해 주는 이
아무도 없는데

꽃들이 자기 향기에
취한 때문인지
홀로 몸을 흔드네.

꽃 앞에 서면

어느 때나 찾아가
꽃 앞에 서면

보는 이의 모습
비추어 주는
거울이 된다.

꽃 옆에 머문 동안
잠시나마
꽃도 되고
향기도 된다.

등꽃

사람들의 가슴에
꽃등을 달아주며

밝은 마음으로
세상을 보라 하네.

한평생 행복의 길
갈 수 있도록

꽃 닮은 마음으로
살아가라 하네.

꽃은

가까이 다가가는
사람들에게
해맑은 웃음으로

사랑 행복 전하는 꽃.
보는 이가 보내는
따뜻한 사랑 눈길

더 고운 빛깔
더 맑은 향기로
보답을 하네.

해바라기

해님 사랑
받기 위해

어떤 역경도
이겨낼
힘을 기르고

일편단심
해님만
바라보면서

꽃을 피워
꿈을 이룬 꽃.

사랑꽃의 이름으로

산과 들에 피어난 꽃
그 아름다움

향기로 인해
꽃 수명 다 하기 전

사랑꽃의 이름으로
꺾어가는 사람들

꽃의 상처 그 눈물
보지 못 하는가?

감자

땀 흘려 가꾼
사랑의 열매.

사랑 담아 떠나보낸
농부의 마음.

가슴 가득 행복으로
차오르네요.

꿈은

아름다운 꽃
피워낼 꽃망울

소나기 지나간 후
뜨는 무지개

온힘 다해 하나하나
쌓아가는
공든 탑

끊임없이 솟아나는
맑은 생수.

들국화

어떤 이의 눈길 마음도
사로잡지 못하고
산과 들에 외롭게
피어난 들국화

그래도
향기 짙은 꽃으로
피어난 것은
생의 가장 큰 축복이란다.

끈질긴 생명력을 지향하다

생전 어머님께서는
집안 우물에서
찰랑찰랑
넘치는 물을 길으셨다.

하루에도 셀 수 없이
두레박으로
해와 달 별을
건져 올리셨다.

－「어머니의 우물」 중에서

이와 같은 형상화를 할 수 있는 사람, 어머니의 우물에서 어머니의 희생과 사랑을 찾아내는 사람, 그러면서도 아름다운 시로 빚어낼 수 있는 사람은 자주 만나지는 게 아니다. 이근희 시인은 시골에서 농사를 지으며 살았다고 한다. 공부도 많이 하지 않았다고 고백한다. 〈지금도 고향집 찾아가는/ 날이면// 텃밭에서/ 김매시던 어머니// 하얀 앞치마가/ 눈앞에 펼쳐지네.〉라고 노래한다. 고향의 텃밭에 들어서면 어머니의 치맛자락이 눈에 삼삼 살아난다. 이러한 정서, 그리고 이를 작품으로 승화시키는 이근희 시인의 진실이 감동의 울림을 생성하리라 확신한다.

-- 심사위원 : 이목윤, 리헌석

전혀 예상치 못한 문학사랑 신인작품상 당선 소식을 접하고 가슴깊이 간직해온 오랜 소망을 이룬 것 같아 참으로 기쁘고 행복했습니다.

한평생 시골에서 농사를 생업으로 생활해 오면서 농한기나 농사일을 마친 밤 시간에, 시인이신 오빠의 시집 16권을 읽고 또 읽으며 시인의 꿈을 키워왔습니다.

그러나, 시 공부를 하며 시 쓰기의 어려움을 알면서부터 시인의 길은 아무나 갈 수 있는 길이 아니라는 걸 깨달아 갈 때, 평생 꿈꾸어온 시인의 길을 열어주신 문학사랑에 진심으로 감사드립니다.

앞으로 문학사랑에 누가 되지 않도록 좋은 시를 쓰기 위해 더욱 노력하는 시인이 되겠습니다.

— 당선자 이 근 희

이근풍

제1부
한 송이 국화꽃으로

시는 나에게

어느 때 어느 곳을
찾아간다 해도
아름다운 꿈을
꾸게 해준다.
창공을 자유롭게
날 수 있도록
날개를 달아준다.
깊은 사색의 호수로
이끌어 준다.
삶의 고뇌
말끔히 씻어 갈
물줄기 되어 준다.

사랑의 열매

어머니는 한 그루
사랑 나무셨다.

주렁주렁 열린
사랑의 열매
자녀들에게
모두 나누어 주시고

이제 홀로 서 있는
가을 나무 되셨다.

행복의 꽃

이른 아침 해님
활짝 웃는 날
마음도 따라서
활짝 열려요.

아침부터 해님 사랑
받는 날이면
가슴에서 행복의 꽃
피어나는 날.

사랑의 십자가

인생길 동반자로
끝까지 손잡고
같은 길 가겠다고
다짐하던 날,
아내가 가슴에 새겨준
사랑의 십자가.
오랜 세월의 물줄기에도
씻겨가지 않고
언제까지나
빛나는 훈장으로
가슴에 남아있네.

밤하늘의 별 하나

날마다 밤이면
밤하늘의 별 하나
나의 창을 밝힌다.

매일 밤
나의 창을 밝히는
그 별은
전생(前生)의 나와는
어떤 인연이었을까.

밤하늘의 별빛처럼

어느 때보다도
사랑 가득 담고 있는
그대의 눈빛
밤하늘의 별빛처럼
초롱초롱 빛나네.

이제는 그대 눈빛
볼 수 없어도
시간이 흐를수록
내 가슴의 별빛으로
더욱 빛나네.

사랑은

목마름 풀어주는
생수 같은 것
촉촉하게 젖어드는
봄비 같은 것
갑자기 밀려오는
파도 같은 것
밤하늘에 반짝이는
별빛 같은 것
닦을수록 빛나는
보석 같은 것
활활 타오르는
불꽃같은 것
아름답게 피어난
꽃과 같은 것.

친구

그대는 나에게
고향 같은 사람
어느 때 만난다 해도
가슴 따뜻해지는

만났다 헤어져
며칠 지나면
그리움이 피어나
보고픈 사람.

고향의 정

청춘의 꿈을 안고
떠나온 고향

어느 덧 세월 흘러
타향살이 반백년
아직도 가슴에선
희망물결 출렁이네.

아무리 오랜 세월
흘렀다 해도
가슴으로 흘러드는
고향의 정은
변함없는 사랑으로
되살아나네.

여명의 종소리

산사에서 들려오는
여명의 종소리
새벽잠을 깨우며
새 아침의 문을 활짝 여네.
두둥실
솟아오른 아침 해가
가슴에
사랑으로 들어오네.
보람차게 시작하는
하루하루의 삶
힘차게 열어가도록
활력을 주네.

사랑 속에

사랑의 씨앗
싹터 자라서
행복의 열매가 된다.

행복의 꽃도
사랑 속에서 피어난다.

누구나가 찾고자 하는
행복의 길도
사랑 속에 있다.

그대 마음 밭에

누구나 풍요로운 삶
누리고자 한다면

가슴에 맑은 생수
솟아나는 샘 하나
파 놓으라 하네.

이른 봄이면
그대 마음 밭에 피어날
꽃나무 몇 그루
심어놓으라 하네.

매년 한 그루 나무라도
심을 수 있도록
여백 남겨 두라네.

서로가 사랑하며

고도의 산업화 시대
복잡하고 어려운 면
없지 않으나
편리하고 살기 좋은 시대.
서로가 사랑하며
오순도순 살아가도
살다보면 한 생 짧은데
서로가 헐뜯고
시기하고 질투하며
살아간다면
삶이 얼마나 삭막하겠는가.
앞으로의 삶
후회 없도록
서로 사랑하며 살아가는 길
가장 행복한 인생길이다.

어머니 꽃

생전 어머니께서
가장 사랑했던
어머니 꽃은
고향집 초가지붕에
피어난 박꽃이었다.
장독대에서 피어나
어머니 가슴 물들인
봉선화였다.
고향집 화단에
눈 속에서 피어난
매화꽃이었다.
어머니 그리운 날엔
꽃을 통해
어머니를 만난다.

인생길

자신을 조금씩
알아가는 길
삶의 지혜 하나하나
깨달음의 길
자신의 행복
찾아가는 길
자신의 사랑
가꾸어 가는 길
자신의 소망
꽃 피워 가는 길
머나먼 길 굽이굽이
돌아가는 길
가도 가도 그 끝
보이지 않는 길.

꽃 한 송이

날마다 사랑으로
계절 따라 피어나는
화단의 꽃.

아름답게 피워 낸
꽃 한 송이가
당신이 피워 낸
시의 꽃 한 송이보다

더 아름답고
향기 또한 맑다며
꽃처럼 웃는 아내.

한 송이 국화꽃으로

불의 앞에 멈추어 서서
머뭇거리지 말고
당당하게 앞으로
나가라 하네.

그대 삶의 가치
어디에 두었는가.
생명의 불꽃
꺼지는 그 날까지
정의와 승리가 필연이라는
신념 하나로 당당하게
나가라 하네.

앞으로 나가며
어려움에 부딪쳐도
비굴하게 물러서면
명예롭지 못하다며
사나이의 기상으로
나가라네.

나라사랑 선비정신
끝까지 지켜가며
된서리 이겨내고
꽃을 피워낸
향기 짙은 한 송이
국화꽃으로 서라 하네.

행복이 꽃피는 집

꽃, 사랑, 마음으로 아내가 가꾸어 가는 주택 뒤 화단에는 각기 다른 사연으로 가족이 된 꽃들이 어울려 살고 있다. 이른 봄날 여수로 여행 갔던 아내가 구해와 가족이 된 동백은 20여년이 지난 지금까지도 고향인 바닷가가 그리운지 간혹 눈물짓는다. 어느 날 시장에 간 아내가 죄인처럼 화분에 갇혀 철사 줄에 묶인 채 아내 품에 안겨온 홍매 한 그루 화단에 옮겨 심고 철사 줄 풀어주자, 자신의 자리를 찾은 기쁨으로 향기 짙은 꽃을 피워낸다. 어느 해 봄날 부모님 산소 성묘 갔을 때, 산소 옆에 고개 숙인 할미꽃의 애련한 눈빛에 끌려 아내 손에 들려온 할미꽃, 이들과 사랑 나누며 정답게 살아가는 집, 아내가 있고 꽃이 있어 눈물겹게 행복하다.

고독

내 마음은
섬이다.
작은 섬이다.

마음대로
육지 오가지 못하는
작은 섬이다.

수평선 너머
바라보며
육지 그리는
작은 섬이다.

못다 한 이야기

그대와 내가 만나
수많은
사랑 이야기 나누면서도
언제나 할 말을
남겨 놓았지.
기다리는 마음 갖고
만나고 싶어
못다 한 이야기로
남겨 놓았지.
두고두고 사랑이야기
나누고 싶어
사랑의 꽃씨도 남기고 싶어
못다 한 이야기로
남겨 놓았지.

봄맞이

동장군 물리치고
제주에서 상륙한
유채꽃이 제일 먼저
승전고를 울리네.

잠복하고 있던
육지의 꽃들도
일제히 일어서서
진군 준비를 하네.

봄날의 꿈

봄날의 사랑 온기
가슴으로 들어오고

봄날의 푸르른 꿈
꽃으로 피어나네.

이근풍

제 2 부
홀로 부르는 노래

고향 길에서

찔레꽃 향기
코를 찌르며

나그네
무심無心을 깨우네.

공부방의 불빛

새벽까지 꺼지지 않는
공부방의 불빛

새벽별로 빛나는
아들의 눈빛

공부의 성과도
새벽별처럼 반짝이기를

바라는 소망
가슴에 담네.

장미

실패를 두려워 않는
젊음의 열정
선망의 대상이다.

뜨거운 가슴으로
사랑 꽃을 피워낸
최후의 승리자다.

화려한 외모에
시기 질투 받아도
흔들림 없이

자신의 자리
꿋꿋하게 지켜가는
파수꾼이다.

매일 밤 별을 보며

밤하늘의 빛나는 별
사람들의 가슴에
아름다운 꿈을 심네.

매일 밤 별을 보며
꿈을 키우고
자신의 행복
가꾸어 가는 사람들

자신들의 꿈도
밤하늘의 별빛처럼
빛나주기 바라네.

어디를 가나

바쁜 일상에서는
어디를 가나

소담하게 피어난
들꽃의 아름다움
눈에 들어오지 않고

여유로운 마음으로
주변 돌아보았을 때
그 아름다움
가슴으로 들어오네.

뇌물은

계획적으로 던지는
미끼라는 걸
어찌 모르랴.
뇌물은
받은 그 순간
평생 고통 속에
살아가야하는
목에 걸린 가시라는 걸
알아야 하리.

자랑스런 누이 근희

인내와 끈기로
온갖 역경 이겨내고
긍정적 사고思考로
자신의 삶 아름답게
가꾸어 가면서
오랜 병고 부군夫君에게
사랑 정성 다하고
사남매를 훌륭하게
교육시킨 누이.
근검절약 정신
꽃 사랑 시 사랑 마음으로
시를 쓰면서
이웃 간에 정 나누며
행복하게 살아가는
자랑스런 누이.

비정한 현실 앞에

사촌이 논을 사면
배 아프다 했던가.
작은 힘만 실어주어도
일어설 수 있는 사람
희망의 싹
보이기 시작하면
싹을 자르는
비정의 현실 앞에
무릎 꿇는 사람들.

깜박이 등

한 고개
넘을 때마다
머리는
깜박이 등 되어가네.
세월의 흐름 따라
깜박이는 속도 또한
빨라져 가네.
깜박이 등 안 되려고
날마다 저녁이면
머리에 등을 켜네.

고향친구 병준에게

세월 흘러 고향 떠나 생활한 지 반세기가 되어가네. 한 평생 끝까지 고향땅 지켜온 친구, 존경스런 마음에 절로 머리 숙여지네. 일제 강점기, 친구가 초등학교 저학년이었을 때, 땅이 꽁꽁 언 겨울철에도 짚신만 신고 3km 등하굣길을 뛰어다녔지. 친구 선친께서는 노동력이 전혀 없으신 한학자셨으니 생활이 얼마나 어려웠겠는가. 일찍이 친구는 그러한 가정환경의 어려움을 극복하기 위해 초등학교를 마치고 농사일을 시작한 이후 오늘에 이르기까지 지켜오며, 많은 일을 해오면서 운명을 극복해 왔네. 끊임없이 노력하여 지금은 자급자족할 만큼의 농토를 마련하여 노후를 여유롭게 보낸다 하니 진심으로 축하하네. 이제 여생을 아름다운 마무리 위해 항상 건강하세.

행복의 생수

정년퇴임 후
시詩 친구 손잡고
같이 가는 인생길
참으로 행복하네.

날마다
시 친구와의 대화로
시간 가는 줄 모르네.

시와 함께 가는 인생길
행복의 생수
끊임없이 솟아나네.

남기신 시 한 수가

생전에 유난히
시를 사랑하셨던
봉곡* 선생님께서
오랜 투병 생활 중에서도
정신만은 별빛으로
이승 떠나시기 전
세상을 하직하며
빈손으로 왔다가
빈손으로 가는 인생.
그래도
시집 몇 권 남기셔서
가시는 발길 가볍다고
남기신 시 한 수가
가슴을 적시네요.
눈물 나게 하네요.

* 봉곡 : 시인이셨던 박준명 선생님 아호.

민들레

노란 깃발 흔들며
오가는 길손에게
봄소식을 전하네.

어렵게 살아가는
민초들에게
희망 전하네.

가장 낮은 자리에서
푸른 하늘 날 곧은
꿈을 키우네.

봄바람

불어오는 봄바람

가슴으로 들어와
몸을 깨우네.

잔잔했던 심장도
활발하게 움직이네.

새로운 눈 달아주고
희망의 문 열어주네.

홀로 부르는 노래

들어주는 이 없다 해도
외로울 때에
부르는 노래

보고파도 먼 길 떠나
만날 수 없는 사람
그리워질 때에
부르는 노래

그리움 외로움
모두 잊기 위해
홀로 부르는 노래

인생길 가며

올바른 인생길
어떤 길인가
앞으로 가야 할
길을 닦는다.

시인의 길 가며
아름다운 시의 꽃
피워낼 수 있도록
시의 길을 닦는다.

하루도 거름 없이
한생 맑은 마음으로
살아가기 위해
마음을 닦는다.

아내의 가슴앓이

•

시집살이 하는 동안
아내는 몸이 아파도
아프다 말도 못하고.
슬퍼도 소리 내어
울어보지도 못하고.
가슴에 맺힌 한
풀어내지도 못하고.
수많은 세월
홀로
가슴앓이 해왔다는 아내
이제는
가슴까지 모두 타
재가 되었다는 이야기.
부담 없이 할 수 있다네.

어머니는

인생 길, 최고의 스승이시다.
세상 어느 곳에서
생활한다 해도
바른 마음 바른 생활이 최선이라 하신다.
인생살이 하는 동안
어떤 일 처리할 때
객관성 합리성에 주안점 두라 하신다.
비록 생활 어렵다 해도
어느 집 아들인가
잘 가르쳤다는 찬사 듣고 싶어 하신다.
어머니는
올 곧은 인생 길 가는
아들 보면서
세속의 온갖 고뇌
이겨낼 수 있는 희망을 찾으신다.

희망의 나래 펴고

오늘도 그늘에 앉아
아무도 모르게
갈대의 울음 터트리는
수많은 사나이들
그들의 슬픔
아는 이 없네.
어떤 일 있다 해도
역경 딛고 일어서서
희망의 나래 펴고
자유롭게 푸른 하늘
날으는 꿈을 키우네.

자신의 자리

한평생 자신의 자리
꿋꿋하게 지켜가며
꽃 피우고 열매 맺는
나무 보면서,
끝까지 자신의 자리
지키지 못 하고,
눈앞의 영리 찾아
이곳저곳 떠도는
철새 같은 사람들,
날로 늘어가는
안타까운 현실 앞에
할 말을 잊네.

사랑의 전류

그대가 보내준
가슴 따뜻해지는
사랑의 전류
온 몸으로 흐르네.
눈보라 비바람에도
식을 줄을 모르네.
가슴으로 흐르는
사랑의 전류
시간의 흐름
계절의 영향 받지 않고
변함없이 흐르네.

이근풍

제 3 부
여유로운 마음으로

가슴에 묻은 친구

이승 떠난 친구
가슴에 묻었다.

가슴에 묻은
친구의 무게

시간이 흐르면
가벼워지리라
믿었었는데

오랜 세월 흘러도
그 무게
줄어들지 않네.

부모님 산소

기쁠 때나 슬플 때나
부모님 산소 찾아가면
자신도 모르는 힘
절로 솟네요.
이승에 계셨을 때도
저승에 계셔도
사랑의 수호신으로
남아 있으신 부모님,
부모님의 사랑 온기
언제까지나
가슴에 남아
삶의 동력되네요.

약속

타인과의 약속도
중하지마는
자신과의 약속
더욱 중하다.
살아가며 실천해야 할
수많은 약속 중
가장 실천하기
어려운 약속
자신과의 약속이다.
자신과의 약속
지키지 못한 사람
타인과의 약속
잘 지킬 수 있을까.

나이테 흔적

세월의 무게
나이테 잊고 생활 하다가
어느 날 거울에 비친
곳곳에 남아 있는 나이테 흔적에
먼 길 가있는 자신을 본다.
어떤 지우개로도 지울 수 없는
나이테 흔적.

아우 영정 앞에서

바로 볼 수 없었네.
아무 말도
할 수 없었네.

아무 소리도
들리지 않았네.

무거운 침묵만
흐르고 있었네.

바람 불지 않는데도
영정 앞 촛불 흐느끼듯
흔들리고 있었네.

내 인생의 시

날마다 정다운 이야기
나눌 수 있는 시가 있어
참으로 행복했는데.

언제까지나
인생길 동반자로
같이 가고 싶었는데.

어느 때
찾아올지 모르는
이별의 시간

환한 빛 속에서
어둠을 만날
두려움이 앞서네.

시는

때와 장소 가리지 않고
가슴 벅찬 감동으로
찾아 와 준다.

때로는
희망찬 아침 해로
사랑의 생수로 솟는다.

세속의 온갖 고뇌
씻어서 주며
가슴속에 맺힌 한도
풀어내 주며

행복의 길 열어주는
동력이 된다.

상사화

그대 향한 그리움
모습 떠올라
밤을 지새네.

그대가 남겨놓은
사랑의 불씨

이 세상
그 누구도 끌 수 없는
사랑의 불꽃으로
뜨겁게 타오르네.

백목련

첫 사랑에 눈뜬
사춘기 소녀의 순결.

하얀 나래 옷 입은
눈부신 봄날의 신부

은빛 물결로 다가오는
감동이 파도를 넘네.

행복

수평선에 떠오르는 해
노을 빛 아름다움
가슴에 담고
그리워 할 사람
있다는 것은….

오가는 인연 속에
언제까지나
잊혀 지지 않고
가슴에 남아
그 모습 떠오를 때면

가슴 따뜻해지는
사랑할 사람
있다는 것은….

고향을 생각하면

찾아갈 고향
있다는 것은
행복이었다.
살아가며 어려움에
처했을 때에
고향을 생각하면
자신도 모르는
힘이 솟았다.
지금까지 삶의 동력
되어준 고향 위해
한 일 없어
고향산천 대할
면목이 없다.

넘어야 할 고개

아직도 가야할 인생길
넘어야 할 고개
많이 남아 있는데,
이제 무념무상
가던 길 멈추고
편히 쉴 자리
어디 있는지
찾고 있는 자신을 보네.

사랑 행진곡

이른 봄이면
사랑 행진곡
온 누리에 번지네.
맑은 향기 묻어나는
사랑 꽃 피어나고
새들이 불어주는
봄날의 찬가 따라
나비가 춤으로
흥을 돋우면
모두가 하나 되어
노래하며 춤을 추네.

첫눈

기다림이 사랑되어
가슴으로 번지네.

첫 사랑 만난 기쁨
할 말을 잊네.

눈부신 사랑 꽃으로
가슴 가득 피어나네.

해가 갈수록

8부 능선 넘으면서
돌아올 수 없는 길

떠나는 친구들
해 갈수록 늙어가네.

그 누구도
거역하지 못하고
떠나야 하는 길

친구 한 사람
떠날 때마다

가슴으로 들어오는
바람의 강에
눈물방울 더하네.

여유로운 마음으로

거북이걸음으로
살아왔던 세월.

치열한 경쟁으로부터
자유로웠고
여유로운 마음으로
인생길 오가며
세상의 온갖 풍정
음미 할 수 있었기에
이룬 것 없는
지난날의 삶.

되돌아보아도
보람되고 행복한
후회 없는 삶이었네.

혼탁했던 영혼도

자연을 사랑할 줄 알고
순리 따라 살아간다면

혼탁했던 영혼도
맑아지면서
육신의 병
마음의 병까지도
치유가 된다.

인생길 어려워도
한 줄기 빛
희망이 된다.

연륜 쌓이면서

젊음의 혈기
왕성 했을 땐

생활의 짐 지고도
무거운 줄 모르고
가파른 고갯길
가뿐하게 넘었는데,

연륜이 쌓이면서
생활의 짐 내려놓고
평탄한 길 가는 데도
가는 발길 무겁고
호흡도 가빠지네.

자신이 이룬 꿈

인생살이 하는 동안
자신이 이룬 꿈

작은 것이라 해도
큰 기쁨
행복이 된다.

자신의 노력
힘으로 이루어낸
값진 결실이며
살아가며 맛보는
참된 보람이다.

어머니는

한평생 인고의 세월 보내신 어머니는 허기도 아픔도 슬픔도 외로움도 잘도 참아내신 인내의 달인이셨지요. 오직 인내와 희생만이 가족을 행복하게 하는 길이라는 게 어머니만의 삶의 철학이셨지요. 한시도 자신이 삶 돌아보실 여유 갖지 못 하시고 가족 위해 사시다가 이승 떠나신 어머니, 당신의 숭고하신 희생정신을 가슴에 새기며, 당신의 위대하신 사랑을 기릴 때마다 안타까움 가시지 않고 해가 갈수록 그리움만 더해 가네요. 어머니, 이승 떠나신 지 오랜 세월 흐른 아직까지도 어머니의 사랑꽃이 저의 가슴에서 피어나 새로운 행복이 됩니다.

남자의 자존심도

온갖 풍상 겪으며
살아왔던 지난 날

이제 뜨거웠던
젊음의 열정
직장생활 자부심
남자의 자존심

모두 내려놓고
낮은 곳
더 낮은 곳 향해
흐르는 물줄기 되네.

별이 되신 어머니

아들에 대한
기대와 희망 한순간에
무너졌다 하시는 어머니.

자신의 아들이
그처럼 못난 줄
모르셨다는 어머니.

아들이 못난 줄
아시면서부터
한평생
아들 걱정하시다가
이승 떠나신 어머니.

걱정되는 이승의 아들
앞길 밝혀주려
별이 되신 어머니.

행복이 꽃피는 집

이근풍 · 이근희 시집

발 행 일 | 2017년 12월 22일
지 은 이 | 이근풍, 이근희
발 행 인 | 李憲錫
발 행 처 | 오늘의문학사
출판등록 | 제55호(1993년 6월 23일)
주　　소 | 대전광역시 동구 대전로867번길 52(한밭오피스텔 401호)
전화번호 | (042)624-2980
팩시밀리 | (042)628-2983
전자우편 | hs2980@hanmail.net
카　　페 | cafe.daum.net/gljang(문학사랑 글짱들)
cafe.daum.net/art-i-ma(아트매거진)

공 급 처 | 한국출판협동조합
주문전화 | (070)7119-1752
팩시밀리 | (031)944-8234~6

ISBN 978-89-5669-879-3
값 9,000원

* 이 책은 교보문고에서 eBook(전자책)으로 제작 · 판매합니다.